AF467534

DÉFENSE

DES PROPRIÉTAIRES

DE BIENS NATIONAUX.

PAR M. D***.

A PARIS,

CHEZ { DELAUNAY, MONGIE JEUNE, } LIBRAIRES, PALAIS-ROYAL;

ET CHEZ CHARLES, IMPRIMEUR, RUE DAUPHINE, N°. 36.

1814.

DÉFENSE
DES PROPRIÉTAIRES
DE BIENS NATIONAUX.

ON parle de la restitution des biens nationaux; quelques personnes qu'anime l'intérêt public ont témoigné leur crainte à cet égard; (1) d'autres, occupées entièrement de leur intérêt particulier, n'ont pas déguisé leurs espérances; enfin, deux brochures ont paru, dont l'unique but est de prouver, au mépris d'un article de la Constitution, que cette restitution pouvait légalement s'opérer. Voyant les propriétaires de ces biens, attaqués, humiliés, menacés sans qu'il parût personne pour prendre leur défense; (2) enhardi par la bonté de leur cause,

(1) Voyez Nouvelles réflexions d'un Journalistes constitutionnel, par M. Duchesne, page 47.

(2) Depuis que cet ouvrage a été composé, il a paru, et j'ai lu une brochure intitulée : *Les Acquéreurs de domaines nationaux au tribunal de l'opinion*, par M. *Dufey*. Les

fortifié par la Charte constitutionnelle, je me présente pour défendre ces propriétaires, ainsi que l'article de cette Charte qui déclare leurs propriétés inviolables.

Si je n'offre pas des preuves d'un talent nécessaire, je donnerai l'exemple du désintéressement; je me trouve à cet égard dans une position convenable : mes biens n'ont point été vendus pour cause d'émigration, et je ne suis point acquéreur de biens nationaux.

La cause des propriétaires de ces biens est une nouveauté en politique; l'histoire ancienne et moderne n'offre rien de tout à fait semblable; les exemples ne peuvent donc être ici que d'un faible secours; d'ailleurs ce qu'ont fait tels ou tels gouvernemens dans des circonstances à peu près pareilles à celles de notre révolution, n'est pas toujours ce qu'ils auraient dû faire. J'invoquerai de préférence les principes politiques bien reconnus et le raisonnement.

Voici les questions que je me suis proposé de résoudre :

---

principes de l'auteur de cette estimable production ne diffèrent point des miens. Mais nous avons, l'un et l'autre, envisagé la question sous des faces différentes, et n'avons pas employé les mêmes formes pour la résoudre. Cette brochure est une réponse à celle de M. Falconet.

1°. Dans l'intervalle de temps qui s'est écoulé entre le règne de Louis XVI et celui de Louis XVIII, y a-t-il eu des gouvernemens en France? ont-ils été légitimes ?

2°. Un gouvernement a-t-il le droit de faire des lois pour sa propre sûreté, de saisir et de vendre les biens de ceux qui sont armés contre lui ?

3°. Des Français ont-ils pu acquérir et posséder légitimement des biens déclarés nationaux ?

4°. Peut-on exercer l'action en rescision contre les propriétaires de biens nationaux, sous prétexte de lésion d'outre moitié dans le prix de la vente ?

5°. Quelle est la condition des acquéreurs des biens du clergé ?

6°. Quels sont les dangers et difficultés qui s'opposent à la restitution des biens nationaux ?

La résolution de ces questions suffira, je le pense, à la défense des propriétaires de ces biens. J'y joindrai une notice de deux ouvrages écrits en faveur des émigrés.

§ Ier.

Dans l'intervalle de temps qui s'est écoulé entre les règnes de Louis XVI et de Louis XVIII, y a-t-il eu des Gouvernemens en France? ont-ils été légitimes?

On peut réduire la question à ces termes : la Convention, le Directoire et les deux Conseils, le Consulat et l'Empire français, étaient-ils des gouvernemens?

Cette question est simple, et, de sa résolution, doivent découler toutes mes preuves.

Un gouvernement l'est, parce qu'il est, et quand même il ne serait pas autorisé par la majorité de la nation, on pourrait contester sa légitimité, mais non son titre de gouvernement; et un gouvernement, tant qu'il subsiste, a le droit de faire des actes conformes à son intérêt.

Mais lorsqu'un gouvernement a été institué par le vœu de la majorité de sa nation, dès-lors il est légitime; lorsque ses actes sont approuvés, lorsqu'il est, de plus, reconnu par des puissances étrangères, lorsqu'elles négocient avec lui, alors il serait absurde de contester sa légitimité. La Convention nationale avait ces droits, ces avantages.

Jamais la nation française, en constituant ce gouvernement, n'a émis un vœu plus libre; jamais on a vu moins de brigues dans les élections, (1) jamais cette nation ne s'est présentée en majorité aussi imposante.

J'entends des personnes s'écrier: ce gouvernement est *usurpateur*, composé de *révoltés* et *rebelles ; ils ont causé des maux infinis à la France.*

Il faut répondre à ces reproches, répandus depuis plusieurs années, dans les conversations et dans des imprimés.

Un chef de parti qui renverse un chef de gouvernement pour se mettre à sa place, est un *usurpateur.* L'histoire ancienne et moderne en offre de nombreux exemples.

César usurpe l'autorité suprême à Rome; Auguste continue cette usurpation et s'en approprie les avantages; Galba l'usurpe sur Néron, Othon sur Galba, Vitellius sur Othon et Vespasien sur Vitellius, etc., etc.

Sans aller chercher d'autres exemples dans l'histoire des états de l'Europe moderne, nous en trouverons dans notre propre histoire. Clovis

(1) J'excepte cependant l'assemblée électorale de Paris et celles de deux ou trois départemens ; mais l'exception est loin d'emporter la règle.

usurpa l'autorité sur le gouvernement romain; Pepin, maire du palais, sur Childéric III, et Hugues Capet sur le dernier de la race Carlovingienne.

Mais ici ce n'est point un chef qui s'empare de l'autorité d'un autre chef, c'est une nation qui rentre dans ses droits, c'est la très-grande majorité de cette nation qui veut être gouvernée par elle-même : il n'y a point là d'usurpation. Les républiques de Venise, de Gênes, de la Suisse, de la Hollande, les États-Unis de l'Amérique, etc., seraient donc des gouvernemens usurpateurs ?

Sans doute la nation française a été trompée dans ses espérances; mais son erreur ne détruit pas son droit, et ne prouve pas qu'elle a usurpé.

Les membres de ces gouvernemens sont des *rebelles.*

J'éprouve ici un grand embarras, et pour repousser ce reproche, je suis contenu par des considérations éminentes; d'une autre part, je ne dois point passer sous silence ce qui peut servir puissamment à la cause que j'entreprends de défendre. Je me bornerai donc à dire qu'une nation n'appartient à personne, qu'elle s'appartient à elle-même, et que son gouvernement appartient de droit à celui à qui, ou à ceux auxquels elle l'a confié. (1) Louis XIV seul a pensé le contraire : l'histoire a fait justice de son opinion.

J'ajouterai que la majorité d'une nation n'est jamais rebelle (2).

Cette majorité ne peut être contestée, les événemens prouvent son existence; car si l'autre partie de la nation, qui comprenait les Français dont les biens ont été saisis et vendus, eût eu la majorité, elle se serait, avec succès, opposée à cette saisie, à cette vente, et aurait fait triompher ses prétentions : tout le contraire est arrivé.

M. Dard, dans sa brochure, où il propose la restitution des biens des émigrés, avoue que la Convention était composée de *représentans de la partie de la nation la plus nombreuse* (3).

Ainsi, on ne peut, sans contredire les principes les plus sains de la politique, taxer de

---

(1) La Constitution actuelle n'a point déclaré ce principe; mais elle le suppose en reconnaissant ses conséquences.

(2) Je rappelle ces principes éternellement vrais, parce qu'ils servent à ma preuve; ils ne peuvent déplaire qu'aux partisans du despotisme, et ne sont nullement opposés aux principes de notre monarchie.

(3) De la restitution des biens des émigrés, page 11.

rébellion les actes de la majorité de la nation française, ni ceux de ces représentans à la Convention, auxquels elle avait délégué tous ses pouvoirs.

La Convention a causé de grands maux à la France. Je suis loin d'en disconvenir; mais toujours on parle du mal, et jamais du bien qu'elle a fait. Mais les erreurs, et même les crimes de cette assemblée gouvernante, sont étrangers à la question. Il y aurait cependant beaucoup à dire pour la justifier. Il faudrait distinguer, dans cette assemblée, une majorité pure et vertueuse, combattue avec acharnement, et cruellement victimée par une minorité, composée de quelques hommes ambitieux et cruels, et par quelques autres plus fanatiques de la liberté que méchans, qui regardaient l'exagération comme une vertu; il faudrait dire que cette minorité, appuyée et excitée par le conseil de la commune de Paris, et soutenue par cinq ou six mille individus gagés de cette ville, et sans cesse poussée à des excès par la *faction des étrangers*, a fait tout le mal; que la majorité, au contraire, résista avec un grand courage; mais qu'elle succomba enfin dans les journées des 31 mai et 2 juin; que ces journées désastreuses, source des maux innombrables qui ont désolé la France, furent projetées et dirigées par un comité composé *d'étrangers*.

Il faudrait dire que cette assemblée, dès que sa majorité eut, au 9 thermidor, reconquis sa liberté, s'est empressée de réparer les malheurs causés par le terrorisme; que dès lors les prisons furent ouvertes, qu'on ne vit plus journellement couler le sang français sur les échafauds, que la justice remplaça les persécutions.

Il faudrait ajouter que dès que la Convention, devenue libre, s'est montrée modérée, juste, humaine, la *faction de l'étranger*, comme pour la punir de ces dispositions vertueuses, lui a suscité les journées orageuses et sanglantes du 12 germinal, du 3 et 4 prairial et du 15 vendémiaire, etc., etc. Il faudrait ajouter aussi que cette majorité, tant persécutée, aussi bienfaisante qu'elle a pu l'être, qui a préservé la France de tant de maux, qui a vu une partie de ses membres mis en fuite, traduits dans les prisons ou morts sur l'échafaud (1), pour prix de sa vertueuse résistance et de ses éminens

(1) Une vingtaine de députés de la Convention, pour échapper à une mort certaine et inutile, ont été forcés de s'expatrier; soixante-onze ont été emprisonnés, et environ quarante sont morts sur l'échafaud.

services, qui lui mériteront la reconnaissance de la postérité impartiale, a été couverte de calomnies, et est encore aujourd'hui en proie à de nouvelles persécutions (1).

Il faudrait entrer dans des détails hors de circonstance et étrangers à mon objet, réveiller des passions qui ne sont qu'assoupies, et troubler le calme dont nous avons le bonheur de jouir; ce n'est point mon intention.

Cependant, je ferai observer qu'on ne doit jamais, si l'on veut être équitable, séparer la cause de la Convention de la position étrange, des circonstances éminemment périlleuses où elle s'est trouvée. Pendant qu'une guerre intestine désole une partie de la France, pendant que cette assemblée est irritée, alarmée, trompée et poussée à des mesures excessives par des traîtres qui prennent le masque de la liberté, l'Europe entière se lève contre elle. Elle résiste constamment à la force, cède souvent aux insinuations de la perfidie; mais ses douze armées, illustrées par un grand nombre d'exploits héroïques, sont presque toujours favorisées par la victoire.

---

(1) Aujourd'hui on ôte sourdement à ces membres, les moyens d'existence en les dépouillant de leur emploi.

Les puissances ennemies, frappées d'admiration et de crainte, et lasses d'être vaincues, viennent négocier et conclure la paix avec la Convention, et la reconnaissent dès lors pour un gouvernement.

Ces nombreux bataillons de *volontaires*, et non *conscrits*, appelés, mais non contraints à défendre leur patrie, auraient-ils montré cette ardeur digne des beaux temps des républiques de l'antiquité; et, novices dans l'art de la guerre, en auraient-ils, avec tant de constance, souffert tous les maux pour un gouvernement désavoué et illégitime? Douze cent mille volontaires auraient-ils, avec un zèle et un courage inespérés, versé leur sang pour la cause d'un gouvernement qui aurait été composé *d'usurpateurs* et de *rebelles?*

Quand on se permet de qualifier de *révolte* les grands mouvemens d'une nation qui secoue le joug, on est aussi injuste, aussi déraisonnable que le serait aujourd'hui l'Autriche si elle qualifiait de *rebelles* les cantons helvétiques qui ont eu le bonheur de se soustraire à sa domination; que le seraient quelques autres Etats de l'Europe qui sont dans un cas semblable.

L'état présent des choses et des esprits ne nous permet ni d'absoudre, ni de condamner les actes du gouvernement conventionnel ; et, d'ailleurs, où trouver aujourd'hui des juges irrécusables, entièrement dégagés d'esprit de parti et d'intérêt? Il n'en est point dans cette génération, ni même en Europe. C'est un jugement qu'il faut renvoyer à l'histoire, et au temps où elle pourra être écrite sans passion.

Mais il s'agit moins ici de la conduite de l'assemblée conventionnelle que de la légitimité de son institution.

Créée par la grande majorité de la nation, défendue par plus d'un million de jeunes citoyens, devenus soldats pour elle et pour ses principes, reconnue par plusieurs puissances étrangères, la Convention a réuni les caractères les plus essentiels d'un gouvernement, et d'un gouvernement très-légitime.

Le Directoire et les deux Conseils, établis par la Convention, dépositaire des pouvoirs de la nation française, étaient, par cela même, gouvernement légitime; il fut reconnu par la grande majorité des Français, et par presque toutes les puissances de l'Europe, et même par des puissances très-prépondérantes de l'Asie et de l'Amérique. La France, avant le Directoire, n'avait pas encore vu un ambassadeur de la Porte-Ottomane résident à Paris.

Le gouvernement Consulaire eut toutes les formes de la légitimité; ses premiers momens excitèrent de l'enthousiasme.

Quant à l'Empire, il s'est fait assez sentir pour être déclaré gouvernement; il était légitime : les abus d'un chef ne détruisent point la légitimité d'un gouvernement. S'il n'y avait de gouvernemens légitimes que ceux dont les chefs n'abusent point de leur autorité, l'histoire n'en offrirait qu'un très-petit nombre.

Ces gouvernemens légitimes ont maintenu et confirmé la vente des biens nationaux; et, par cela même, ont reconnu la légitimité de cette vente.

§ II.

Un gouvernement a-t-il le droit de faire des lois pour sa propre sûreté, de saisir et de vendre les biens de ceux qui sont armés contre lui?

Cette question n'a besoin que d'être énoncée pour obtenir l'affirmative. Un gouvernement qui n'aurait pas le droit de faire des lois pour sa propre sûreté, cesserait bientôt d'exister. Ainsi, chaque gouvernement a le droit naturel, dont jouit chaque individu, de pourvoir à sa propre conservation.

Dans toutes les législations, on a saisi ou confisqué, au profit du gouvernement, les biens de ceux qui allaient se ranger parmi les ennemis de la patrie, et qui combattaient contre elle. Les exemples en sont si nombreux dans l'histoire, qu'il est inutile de les rapporter. L'assemblée législative ne fit donc rien d'extraordinaire en saisissant les biens, meubles et immeubles des Français émigrés. D'ailleurs, peu de jours après, le roi sanctionna cette loi (1).

Les biens des condamnés ont toujours été saisis ou confisqués au profit du gouvernement. En France, ils étaient le plus souvent réunis au domaine de la couronne; mais il est plusieurs exemples de biens saisis et vendus. L'ordonnance de Philippe-le-Long, du 17 avril 1319, porte : « Toutes forfaitures, mains-mortes et » choses semblables, seront *vendues* et exploi- » tées par les sénéchaux et baillis (2). »

Charles VII, roi de France, confisqua et vendit les biens du célèbre argentier *Jacques Cœur*. Après la mort de cet accusé, ses enfans récla-

(1) Ce décret est du 9 février 1792, et la sanction du 12 du même mois.

(2) Ordonnance du Louvre, tome premier, page 705.

mèrent la restitution de ces biens vendus, prouvèrent l'injustice de l'accusation et l'innocence de l'accusé, mais sans succès; les acquéreurs de ces biens, injustement saisis, étaient *Antoine de Chabanne*, *Guillaume de Gouffier* et la veuve du sieur *Villequier*, *Antoinette Maignelais*, maîtresse du Roi. Ce prince, par lettres du 5 août 1457, restitua quelques biens non vendus; mais il ne restitua point ceux *qui étaient venus à son profit*, portent ces lettres, ni *au profit de ceux en faveur desquels il en avait disposé* (1).

Si l'on trouve quelques exemples de restitution de biens saisis et vendus, ils sont très-rares: je n'en connais point en France.

Fondé sur ces principes et sur ces exemples, je dis que la Convention a eu le droit de mettre en vente les biens, déjà saisis, des émigrés, pour indemniser la nation des frais extraordinaires occasionnés par les hostilités de ces mêmes émigrés. Elle a usé de ce droit par sa loi du 31 octobre et du 10 novembre 1792. Fallait-il prêter des armes à ses ennemis, et leur laisser les moyens de rentrer en France avec leur projet de vengeance et de tyrannie? Fallait-il aban-

(1) Mémoires de l'Académie des inscriptions, tome XX, pages 530 et suivantes.

donner la France à la merci des armées étrangères? Fallait-il ne pas se défendre contre elles? Une pareille conduite aurait été absurde, dangereuse, impolitique, blâmée et contraire aux droits du gouvernement. La Convention, en vendant les biens des émigrés, a donc fait ce qu'elle a dû faire, et ce qu'aurait fait tout gouvernement en pareil cas.

§ III.

Des Français ont-ils pu acquérir et posséder légitimement des biens déclarés nationaux?

Si la Convention était gouvernement de la France, si elle était, de plus, un gouvernement légitime comme je l'ai prouvé, si elle avait le droit de saisir et de disposer à son gré des biens de ceux qui lui faisaient la guerre, comme je l'ai encore prouvé, il ne peut y avoir de doutes, ces biens ont été acquis et sont possédés légitimement.

Ces acquéreurs, a-t-on dit, auraient dû savoir que ces biens, mis en vente, appartenaient à des propriétaires dépossédés; ils le savaient certainement, mais ils savaient aussi que ces propriétaires avaient cessé de l'être par la loi qui les déclarait morts civilement comme ennemis de la patrie, ils le savaient, puisqu'eux ou leurs enfans combattaient pour défendre leur pays contre ces mêmes ennemis. La loi qui ordonnait la vente de ces biens devait donc leur paraître juste. Qu'on se reporte au temps où ces ventes ont été consommées, et l'on se convaincra que les acquéreurs l'ont été de bonne foi.

Mais, ajoute-t-on encore, ils auraient dû prévoir qu'un jour les anciens propriétaires viendraient réclamer ces biens. Mais cette prévoyance, si elle a existée dans l'esprit de quelques acquéreurs, a pu inspirer des craintes, diminuer la valeur des biens; mais elle ne fait rien à la légitimité de ces ventes, à la légitimité de la possession de ces immeubles. Une maison, par sa situation, peut être exposée plus qu'une autre à des incendies, aux ravages des rivières; mais celui qui l'achète, qui la possède, n'en est pas moins légitime acquéreur, légitime propriétaire.

D'ailleurs, peut-on exiger des acquéreurs de biens nationaux, la plupart habitans des campagnes, et peu exercés dans la science politique, assez d'instruction et de sagacité pour prévoir ce que les plus habiles politiques n'ont pas prévu? Un événement inattendu, et fort heureux sans doute, a remis en faveur les anciens propriétaires des biens vendus. Cet événement aurait pu ne pas arriver ; en ce cas, les propriétaires des biens nationaux en auraient joui avec une entière sécurité, et personne, autre que les intéressés, n'aurait osé leur en faire reproche. Un événement quelconque, qui n'est point le fait du propriétaire, ne doit jamais altérer ses droits à sa propriété.

Les légistes qui tendent toujours à soumettre le droit politique aux règles du droit civil, et qui, par cette fausse application des règles, ont obscurci la question au lieu de la présenter dans son plus grand jour, ont vu des nullités dans ces ventes; de plus, ils appliquent à des actes du gouvernement, à une vente autorisée par des lois spéciales, quelques règles qui ne sont applicables qu'à des transactions de particuliers à particuliers.

Ici ce n'est point un particulier qui vend à un autre ; c'est le Gouvernement qui fait une loi ; l'acheteur ne contracte point avec un vendeur ; il obéit simplement à cette loi. Ainsi l'acquisition est légale, et n'offre rien d'illégitime.

J'aurais pu me borner à énoncer la question, mais j'ai voulu répondre à quelques objections.

§ IV.

Peut-on exercer l'action en rescision contre les propriétaires de biens nationaux, sous prétexte de lésion d'outre moitié dans le prix de la vente ?

Le plus modéré des deux avocats qui ont écrit pour la restitution des biens nationaux aux anciens propriétaires, M. Dard, propose, comme un parti mitoyen, si l'on ne peut obtenir cette restitution pure et simple, d'évincer les propriétaires actuels de ces biens, en exerçant contre eux l'action en rescision, sous prétexte de lésion d'outre moitié.

L'action en rescision, pour lésion d'outre moitié, ne peut être admise contre les ventes faites aux enchères (1) : les biens nationaux ont été vendus aux enchères.

L'ancienne jurisprudence accordait un délai de douze ans au vendeur, pendant lequel il avait droit d'exercer l'action en rescision. Le Code civil porte : « La demande en rescision » n'est plus recevable après l'expiration de

(1) Code civil, art. 1684.

» deux années, à compter du jour de la
» vente (1). »

A l'article suivant, on lit que le même délai court contre les *absens*. Il y a vingt-cinq ans au plus, et vingt ans au moins, que la plus grande partie des biens des émigrés a été vendue.

Ainsi, par la nature de la vente, par le temps qui s'est écoulé depuis qu'elle a été opérée, l'action en rescision, quand même il y aurait lésion d'outre moitié, ne serait point admise.

Mais y a-t-il lésion? Quand même il y aurait lésion, les acquéreurs de ces biens en sont-ils les fauteurs? Qui a droit de réclamer l'action en rescision pour cause de lésion? Ce sont ces questions que je vais examiner.

S'il y a lésion, elle n'est point générale. Plusieurs acquéreurs, munis d'assignats, ont payé, lors de la vente, le prix total de leur acquisition; alors la valeur réelle des assignats différait peu de leur valeur nominale, et n'ayant pas profité des avantages résultant de la dépréciation de ce papier-monnaie, ils ne peuvent justement être accusés de lésion. D'autres, au moment de leur acquisition, ont mis en réserve

(1) Code civil, chap. VI, art. 1676.

la somme totale en assignats du prix de la vente, et n'ont pu de même profiter du bénéfice résultant de la dépréciation de ce papier-monnaie. Enfin, plusieurs de ces biens nationaux ont été revendus à diverses reprises. Les seconds, troisièmes, quatrièmes acquéreurs les ont payés à leur juste valeur, non seulement en assignats, mais même en argent, et il en est beaucoup dans ce dernier cas. Ainsi, il n'y pas lésion de leur part, encore moins lésion d'outre moitié.

Et si cette lésion existe dans les ventes faites aux premiers acquéreurs, elle n'est ni de leur fait, ni de leur intention. A l'époque où ces biens ont été adjugés, le prix de l'acquisition était assez élevé; les assignats, reçus en paiement, avaient alors une valeur réelle qui différait peu de leur valeur nominale. Mais le gouvernement, ayant accordé des termes pour le paiement, il est arrivé que, depuis la vente jusqu'au dernier terme, les assignats ont successivement baissé de valeur réelle. Cette dépréciation des assignats n'était point l'ouvrage des premiers acquéreurs; les événemens ont amené une chance heureuse dont ils ont profité. Il eût été possible que d'autres événemens eussent produit d'autres effets, que les assignats eussent à peu près conservé leur valeur nominale, ce qui a eu lieu vers la fin de 1793. Alors ils n'auraient point, ou n'auraient guère différé de l'argent monnayé, et le prix des ventes eût été égal ou supérieur à la valeur du bien acquis.

Je conclus que s'il y a eu lésion dans quelques-unes de ces ventes, cette lésion ne doit point être imputée aux acquéreurs. Elle est l'effet d'une chance à laquelle ils n'ont eu aucune part.

Il me reste à examiner quel est celui qui a droit de réclamer la rescision, pour cause de lésion d'outre moitié.

Quelle est la partie lésée ? C'est le vendeur, ou ses ayant cause ; c'est le gouvernement, c'est la Convention qui, bien loin de se plaindre, et de réclamer contre ces ventes, rendit, le 14 fructidor an 3, un décret qui suspend l'action en rescision pour cause de lésion d'outre moitié (1).

---

(1) Ce décret, dont parle, sans le citer, M Dard, dans sa brochure intitulée *de la restitution des biens des émigrés*, est conçu en ces termes : 1°. « L'action en rescision des » contrats de vente entre majeurs, pour lésion d'outre » moitié, est abolie à l'égard des ventes qui seront faites, » à compter de la publication de la présente loi. 2°. Toute » action et toute instance en rescision de contrat de vente » ou équipolent à vente pour cause de lésion d'outre » moitié, demeureront suspendues. »

Si nul autre que le vendeur n'a le droit de réclamer, et si, au lieu de réclamer, ce vendeur confirme, à quel titre peut-on réclamer aujourd'hui? De quelle autorité ceux qui invoquent l'action en rescision contre les ventes des biens nationaux, peuvent-ils s'appuyer? Ils n'ont ni titre, ni autorité.

Mais, dira-t-on, le gouvernement actuel, qui représente le gouvernement vendeur, peut agir en rescision contre les acquéreurs. Je réponds: les délais sont expirés, et ce n'est pas, après vingt ans, qu'on peut légalement revenir sur ces ventes.

Mais ce gouvernement, frappé de la légalité de ces ventes et de l'illégalité de leur rescision, les a de nouveau confirmées par l'article 9 de la Charte constitutionnelle: « Toutes pro» priétés sont inviolables, même celles qu'on » appelle *nationales*; la loi ne met aucune diffé» rence entre elles. »

Ainsi peu de lésion d'outre moitié dans ces ventes, et ces lésions ne sont point imputables aux acquéreurs; les délais pour invoquer l'action en rescision sont expirés. Personne n'a le droit d'invoquer la rescision de ces ventes, et les gouvernemens qui ont eu ou ont ce droit, les confirment. Si l'on ne savait pas que l'esprit de parti éteint toutes les lumières de la raison, on ne pourrait concevoir comment un jurisconsulte ait de bonne foi osé soutenir que l'action en rescision contre la vente des biens nationaux était admissible.

§ V.

Quelle est la condition des acquéreurs des biens du Clergé ?

Je n'aurais rien à dire sur les acquéreurs des biens nationaux provenant du Clergé, parce que qui a prouvé plus, a prouvé moins. Qui a prouvé que les biens particuliers, saisis et vendus par la nation, pouvaient être légitimement acquis, à plus forte raison a prouvé que des biens dont les individus composant le Clergé, n'avaient que l'usufruit, des biens auxquels chaque Français, en se faisant membre de ce corps, avait droit de prétendre, pouvaient être légalement vendus, légalement acquis. Ils étaient vraiment des biens nationaux, dont les rois de France, dans leurs besoins urgens, ont souvent eu recours sans scrupule.

L'origine de ces biens n'est ni respectable, ni sacrée, comme on a voulu le faire croire.

Lorsque la religion était voisine de sa source ; et par conséquent lorsqu'elle était encore pure, les ministres du culte chrétien n'avaient pas de biens ; ils recevaient des aumônes qu'ils partageaient avec les pauvres et les veuves. L'empereur Constantin fut le premier qui leur accorda des immeubles. St. Jérôme parle des prêtres de son temps, qu'il nous représente comme des êtres fort ridicules, comme des petits-maîtres ou des abbés de cour ; quelques-uns, sous prétexte de donner la bénédiction, tendaient la main pour demander l'aumône. D'autres s'attachaient à des personnes âgées et sans enfans, et leur rendaient les services les plus bas, les plus indignes pour avoir part à leur succession (1).

Lorsque la barbarie fut à son dernier période, que les prêtres partageaient, et disputaient même aux nobles la toute-puissance sur le reste de la nation, ils vendaient le paradis, et promettaient l'absolution de tous les crimes aux seigneurs qui leur donnaient de grands biens. Ces biens étaient souvent très-mal acquis par le donateur; aussi, en les léguant au clergé ou

---

(1) Hieronim. opera epist 2. ad Nepot. cap. 7. *Ipsi apponunt matulam, obsident lectum, purulentiam stomachi et phelgmata pulmonis manu propriâ suscipiunt.*

aux monastères, dans la charte de donation, il en faisait souvent l'aveu en ces termes : Je donne à tel saint, pour le remède de mon âme, et pour absoudre l'énormité de mes crimes, tel bien que je possède en tel lieu, justement ou injustement, *juste aut injuste* (1). Et les prêtres ou moines, qui connaissaient la source impure de ces biens donnés, les recevaient en citant un passage de l'Evangile, qui semble autoriser de pareilles donations (2).

C'est en répandant, au dixième siècle, la fausse prédiction de la prochaine fin du monde; c'est en épouvantant les nobles, par la crainte des feux de l'enfer, que le clergé s'enrichit.

Qu'on lise l'Histoire ecclésiastique de l'abbé Fleury, toute modérée qu'elle est ; qu'on lise le Traité des bénéfices du célèbre frère Paul-Sarpi, et celui du savant Richard-Simon, et on se convaincra que les biens du clergé lui sont, en partie, provenus par des moyens qu'une probité exacte ne peut approuver, etc., etc.; mais on ne lit point. Qu'on étudie les monumens historiques d'après lesquels ces auteurs ont

(1) Cette formule se trouve fréquemment dans les Chartes des douzième et treizième siècles.

(2) *Facite vobis amicos de mammona iniquitatis ; ut cum defeceritis, rescipiant vos in æterna tabernacula.* (Evang. St. Luc, cap. 16, vers 9.)

travaillé; mais on répugne à jeter les yeux sur ces antiquités. Qu'on parcoure les chartes imprimées ou non des neuvième, dixième et onzième siècles; mais on trouve plus facile de croire sur parole, de penser d'après ceux qui ont écrit l'histoire dans le style louangeur des complimens. C'est cependant par ces lectures et ces études qu'on peut découvrir la vérité, et se convaincre que les biens du clergé ont une origine très-peu respectable.

Le clergé eut encore une infinité de petits moyens pour accroître ses richesses et acquérir des biens fonds; il vendait tous les actes de son ministère, et ne faisait rien sans être payé. Les évêques excommuniaient souvent, et se faisaient payer fort cher les absolutions.

Les prêtres bénissaient toutes choses; les champs, les jardins, les maisons, les fontaines, les puits, les vignes, les caves, les mets placés sur la table, la besace des voyageurs, les armes, les drapeaux des guerriers, le lit nuptial, etc., etc., et chaque bénédiction était payée. Ajoutons les offrandes continuelles faites à la messe, la perception des prémices sur tous les nouveaux fruits, sur les premiers nés de tous les animaux utiles aux travaux et à la nourriture de l'agriculteur.

Ils refusaient d'enterrer, et frappaient d'interdiction ceux qui oubliaient, en mourant, de faire un legs à leur église.

Ils vendaient jusqu'aux sacremens. Encore, au seizième siècle, on ne pouvait, sans payer, se présenter au tribunal de la pénitence. Il est prouvé qu'une jeune fille s'est prostituée pour avoir de l'argent, afin de payer à Pâques son confesseur (1).

C'est par ces moyens, et beaucoup d'autres, qu'il serait trop long à rapporter, que le clergé acquit le tiers du sol de la France, des richesses immenses, dont les chefs firent un usage très-opposé aux principes de l'Evangile, usage qui, depuis St.-Chrysostôme jusqu'à nous, a été un sujet de scandale et de reproches.

On voit, par cette esquisse historique, que la source des biens du clergé n'a rien de bien respectable.

Pour répondre à toutes les objections, et dissiper tous les scrupules sur la légitimité de la vente par la nation, et de la jouissance des

(1) J'ai acquis la preuve de tous ces usages. Il serait trop long de citer mes autorités; mais le dernier fait paraît si étrange, que je crois devoir indiquer la source où je l'ai puisé; il se trouve au supplément du glossaire de Ducange, par Dom Charpentier, au mot *confessio*, n°. 4.

biens du clergé par les acquéreurs, je rapporterai l'article 13 du concordat, signé à Paris, le 15 juillet 1801, et ratifié à Rome par le pape Pie VII, dans le temps où ce pontife jouissait de la plus entière liberté; il porte :

« Que ni lui, ni ses successeurs, ne troubleront, en aucune manière, les acquéreurs des » biens ecclésiastiques aliénés, et qu'en conséquence la propriété de ces mêmes biens, » les droits et revenus y attachés, demeureront » incommutables entre leurs mains et celles de » leurs ayant cause (1). »

Ainsi, les inquiétudes qu'auraient pu concevoir les acquéreurs des biens du clergé, sous le rapport de la religion, comme sous celui de la propriété, doivent être parfaitement dissipées.

§ VI.

Quels sont les dangers et les difficultés qui s'opposent à la restitution des biens nationaux ?

En supposant, ce qui ne doit pas être, qu'une

(1) *Ne a se, neque a Romanis pontificibus, successoribus suis, ac consequenter proprietas eorumdem bonorum, reditus ac jura, iis inherentia, immutabilia penès ipsos erunt, atque abipsis causam habentes.*

loi ordonnât la restitution des biens nationaux à leurs anciens propriétaires, examinons si cette loi pourrait obtenir une exécution facile, et si elle serait sans dangers.

Les difficultés seraient incalculables. Depuis vingt ans et plus, les biens nationaux ont changé de maîtres, ont été vendus, revendus, échangés, partagés, dénaturés, détériorés, améliorés, confondus avec des propriétés voisines d'une origine différente. De plus, ces biens ont été grevés d'hypothèques et donnés en cautionnement par ceux qui sont comptables envers le gouvernement.

Il faudrait donc revenir sur ces ventes, reventes, sur les testamens et les partages, estimer les détériorations, les améliorations, les changemens survenus dans la nature du sol par accident, par négligence ou par le désir d'en tirer un meilleur produit. Il faudrait enlever aux créanciers leurs hypothèques, au gouvernement ses cautionnemens; comment les remplacer? Il faudrait rapporter les lois en vertu desquelles on a possédé, joui, testé, partagé, hypothéqué, échangé, vendu et cautionné. Il faudrait annuller une infinité d'actes, de transactions, léser une infinité d'intérêts.

Cette loi, en supposant qu'elle puisse prévoir

tous les cas où se trouvent les détenteurs de biens nationaux, serait injuste et tyrannique, par cela seul qu'elle aurait un effet rétroactif. Elle serait subversive de toutes règles, des fortunes, des intérêts d'une grande partie des propriétaires de la France.

J'ai réfléchi sur les moyens d'exécuter une pareille loi, et je n'y ai vu qu'une source intarissable de discussions, de querelles et de procès. Il serait facile d'estimer, par exemple, les dépenses faites par un acquéreur de biens nationaux pour améliorer sa propriété; mais qui pourra évaluer les travaux, les soins et l'industrie qu'il a portés dans cette amélioration? Si l'on indemnise les acquéreurs des biens nationaux pour les améliorations qu'ils ont faites, il paraîtra juste que ces mêmes acquéreurs indemnisent aussi les émigrés dont ils auront détérioré les biens. Ces derniers, ayant obtenu le principal de leur demande, pourraient facilement obtenir cet accessoire. Comment apprécier avec équité ces détériorations prétendues ou réelles ? Il faudrait se rapporter aux diverses époques où elles ont été opérées, s'informer si elles sont l'effet de l'impéritie ou de l'impuissance du nouveau propriétaire, ou seulement l'effet des événemens naturels, ou bien si cette détérioration n'est que relative ou idéale.

Un propriétaire démolit des bâtimens inutiles à son système d'exploitation, remplace un château, des pièces d'eau, des plantations fastueuses par des usines productives, tire du sol tous les avantages que son intérêt lui suggère. Alors l'ancien propriétaire dira : on a détérioré ; mais le nouveau propriétaire soutiendra qu'il a amélioré ; il faudra donc juger si, dans les propriétés rurales, l'agréable doit être préféré à l'utile.

Un acquéreur d'un bien national aura acheté un château et son parc, il aura, suivant son goût, changé la distribution des appartemens, substitué, à d'anciennes plantations, des plantations nouvelles, sous un plan différent ; dessiné en jardin anglais, un terrain planté suivant l'antique méthode : l'ancien propriétaire ne manquera pas de dire qu'on a détérioré, et le nouveau, qu'on a embelli. Il faudra donc, pour terminer ce débat, ériger un tribunal en matière de goût.

Ce ne sont pas les seuls cas, les seules difficultés.

Des biens nationaux ont changé cinq ou six fois de maîtres. Les premiers acquéreurs ont payé en assignats, les suivans en argent, d'autres parties en argent et partie en assignats, il s'en trouve qui ont payé comptant, et quelques-uns à des termes éloignés ; comment, dans cette diversité de payemens, pourrait-on, avec une parfaite équité, concilier les intérêts de tous ?

Qu'on se représente des enfans qui tiennent de leur père un héritage, composé en partie de biens patrimoniaux et de biens nationaux, les uns auront pour lot un bien tout patrimonial, les autres un bien tout national, ou, ce qui existe, chaque lot sera composé de l'une et l'autre nature de biens, et dans un lot, il se trouvera plus de biens d'origine nationale que dans un autre lot, *et vice versa*. Quel embarras inextricable pour les agens du gouvernement, chargés d'opérer avec justice la restitution de tels biens nationaux ! Quelle source de querelles, de procès entre les héritiers, de reproches et de mécontentement contre l'autorité publique !

Et si un héritage ainsi composé, ainsi divisé, est de plus grevé d'hypothèque, comment satisfaire les créanciers hypothécaires ?

La plupart des comptables, les receveurs généraux ou particuliers, etc., etc., pour cautionnement en immeubles, ont fourni des biens nationaux. Le gouvernement renoncera-t-il à son gage? Non. Exigera-t-il un autre immeuble pour cautionnement? Mais si le comptable ne peut en offrir, que fera-t-on? On le destituera. Remède facile à imaginer, mais d'une funeste conséquence pour un gouvernement naissant, et dont peut-être on a déjà trop abusé.

Je ne me flatte point d'avoir exposé tous les cas; je ne parle que de ceux qui sont venus à ma connaissance. Ils sont si multipliés, les nuances qui les distinguent sont si difficiles à saisir, que je ne crois pas que l'auteur de la loi qui serait faite à cet égard, pût jamais les prévoir tous. Cette imprévoyance inévitable donnerait lieu à l'arbitraire des agens du gouvernement, et par conséquent à des dénonciations, ou au moins à des mécontentemens.

Quand on considère les entraves et les difficultés sans nombre que présenterait l'exécution d'une pareille loi, on est forcé à croire que cette exécution serait à peine entière au bout d'un demi-siècle.

Cette opération, de longue durée, serait en outre très-dispendieuse à l'Etat. Les autorités existantes ne pourraient y suffire; il faudrait en charger un grand nombre d'agens spéciaux, et il se présenterait plusieurs cas où le gouvernement serait obligé d'accorder des indemnités, soit aux propriétaires de biens nationaux, soit aux émigrés réintégrés dans ces biens.

Telle est une partie des difficultés que j'entrevois dans la restitution des biens nationaux, sous le rapport civil et administratif. Mais si j'envisage cette restitution sous le rapport politique, il se présente en outre des dangers très-éminens.

La France n'est plus ce qu'elle était autrefois. Pendant vingt-cinq années d'expériences elle a reçu de fortes leçons qui ne sont pas toutes perdues. La matière a changé de nature, il faut d'autres procédés pour la manipuler. Ceux qui sont restés en arrière pendant que cette nation faisait des pas en avant, ceux qui prennent leurs opinions particulières pour l'opinion générale, et qui n'ont nul égard aux changemens opérés dans les têtes, se trompent, et seront indubitablement dupes de leurs erreurs. Les lumières ne sont plus le partage de quelques individus, elles sont largement réparties sur un grand nombre. Chacun veut raisonner sa situation, les actions du gouvernement; chacun a la prétention de pouvoir, avec courage, défendre ses droits attaqués, ses intérêts lésés.

Il est à craindre que la plupart des propriétaires de biens nationaux, de quarante à cinquante ans, qui ont fait de grands sacrifices à la patrie, qui ont porté les armes, versé leur sang pour elle et pour le maintien de leurs acquisitions, ne voient pas, sans une vive émotion, les biens qu'ils ont légitimement et de bonne foi acquis, possédés et améliorés depuis plus de vingt ans, passer en des mains jadis ennemies, devenir la propriété des hommes qu'ils ont autrefois combattus.

Il est à craindre aussi que les jeunes gens de vingt à trente ans, inhabitués à la soumission et au respect dus à la famille régnante, qui, presque tous, ont fait la guerre, ne souffrent pas tranquillement qu'on leur enlève des propriétés où ils reçurent les premières impressions, où ils contractèrent leurs premières habitudes, et sur lesquelles leur moyen d'existence est fondé ; des propriétés que leurs pères doivent leur laisser ou leur a laissé en héritage; il est à craindre, dis-je, qu'ils ne puissent souffrir patiemment que leurs pères soient accusés d'avoir acquis ou possédé ces biens illégalement, et qu'on les en dépouille pour en investir des particuliers qui leur sont étrangers ou peu connus.

Le mécontentement résultant de la restitution des biens nationaux, s'étendra certainement, non seulement sur les acquéreurs de ces biens, mais aussi sur une grande partie de la population des campagnes. En voyant le retour de leurs anciens seigneurs, cette population n'a-t-elle pas droit de craindre des vengeances de leur part; n'a-t-elle pas à redouter encore que chaque seigneur n'amène à sa suite l'humiliante et désastreuse féodalité, les dîmes, les cens, les rentes, les corvées, etc., etc., fléaux de l'agriculture, causes de la misère des gens de campagne, productions des temps de barbarie dignes de sa honteuse origine? De pareilles craintes ne sont-elles propres à occasionner des soulèvemens?

Cette question est décidée pour ceux qui ont consulté l'opinion publique des départemens, non dans des adresses, et dans les complimens des autorités constituées, qui n'apprennent rien, mais qui l'ont puisée, depuis le rétablissement de la dynastie, dans les vraies sources, chez les particuliers des campagnes.

Je conclus qu'on ne peut, sans injustice, sans violer les lois existantes, sans donner aux lois à faire un effet rétroactif, sans de très-grandes difficultés et dépenses, et surtout sans les plus grands dangers pour l'Etat, ordonner la restitution des biens nationaux. D'après les motifs que je viens d'exposer, tout lecteur impartial conclura de même.

§ VII.

Notice de deux brochures écrites contre les acquéreurs de biens nationaux.

Deux avocats viennent de se lancer dans la carrière, et se déclarer les champions des anciens propriétaires des biens saisis et vendus, et les adversaires des acquéreurs. Il est grand, il est généreux de prendre la défense des infortunés; mais, pour être louable, cette défense doit être fondée sur la vérité, exposée sans passion, sans emportement, et surtout doit être *désintéressée.*

Je commencerai par examiner la brochure de M. *Dard*, avocat, intitulée, *de la restitution des biens nationaux.*

Cet ouvrage, où l'on trouve peu de méthode, beaucoup de partialité, des raisonnemens appuyés sur des faits inexacts, des principes appliqués à contre-sens, et d'où, par conséquent, il ne résulte aucune lumière, est cependant écrit avec modération, comparativement à celui de M. *Falconnet*, dont je parlerai bientôt.

Dans les premières pages du chapitre premier, j'ai découvert plusieurs erreurs ou faits inexactement rapportés. L'auteur dit, page 10 : « Le 27 juillet 1792, l'assemblée nationale or- » donna la confiscation et la *vente* de leurs » biens (des biens des émigrés) au profit de » la nation. » Il y a ici presqu'autant d'inexactitude que de mots. L'assemblée nationale, dite *législative*, fit, ce jour-là, un décret qui défend à tous Français de sortir du royaume, avec menace de séquestrer les biens des contrevenans. Le séquestre n'est ici que comminatoire, et cette assemblée ne décréta point la *vente* des biens des émigrés (1).

« Il est à remarquer, dit-il même page 10, » que Louis XVI refusa constamment de don- » ner à ces décrets la sanction, etc. » Il s'agit ici des décrets qui ordonnent la saisie des biens des émigrés. M. *Dard* est dans l'erreur ; s'il eût été mieux informé, il aurait dit qu'à la séance du 9 février 1792, l'assemblée législative décréta les principaux articles de la loi qui ordonne la saisie des biens des émigrés, et que, dans la

(1) Voyez tous les journaux du temps, sous la date du 27 juillet 1792.

séance du 13 février suivant, le ministre de la justice écrivit à l'assemblée une lettre portant que le roi a sanctionné la loi qui ordonne la saisie des biens des émigrés, ainsi que deux autres décrets (1).

Voilà deux erreurs, je ne dis pas infidélités, commises par M. *Dard* dans la même page.

Dans la page suivante se trouvent encore plusieurs inexactitudes de faits que je relèverai bientôt. Je ne m'arrêterai qu'à celle-ci, dont M. *Dard* tire de grandes conséquences. Il dit que la nation n'était pas *légalement représentée* par la Convention nationale, puisqu'on n'y comptait *aucun député de l'ordre du clergé.*

J'ai fait des recherches, et je me suis assuré que, dans la Convention, on comptait au moins *douze évêques* et plusieurs autres ecclésiastiques dont je ne sais pas exactement le nombre.

Si, dans deux pages seulement, se trouvent trois fautes graves, des faits si inexactement rapportés, quelle confiance peut-on avoir aux autres faits, énoncés dans le reste de l'ouvrage, que je n'ai pu vérifier? Quelle estime doivent mériter les conséquences que l'auteur en tire?

---

(1) Voyez aussi les journaux du temps, sous la date des 9 et 13 février 1792.

Tout l'échafaudage des raisonnemens de M. *Dard*, tout leur résultat, reposent sur une base unique ; la voici :

« Il ne faut pas craindre de l'avouer, dit-il, » quelles que puissent en être les conséquences, » *tous les actes* émanés de nos assemblées na- » tionales, depuis que, *sans le consentement*, » et on peut dire *contre le vœu de la nation*, » elles ont *usurpé* l'autorité suprême, détruit la » monarchie et aboli la royauté, sont nuls. »

Tous les actes sont nuls ! Y pense-t-il, M. l'avocat *Dard* ? Si tous les actes sont nuls, toutes les institutions établies par ces gouvernemens sont aussi nulles ; les administrations, les tribunaux, leurs réglemens, leurs jugemens, tout serait donc frappé de nullité ? Dans quelle confusion, dans quel cahos va nous plonger la décision de M. *Dard* ? Heureusement cette décision n'est pas définitive.

On sent bien que dans cette immensité, cet enchaînement de nullités doit être compris les lois qui ordonnent la saisie et la vente des biens des émigrés : ainsi ces lois, dont l'effet est consommé, ces lois maintenues depuis vinq-cinq ans, confirmées par plusieurs gouvernemens, seraient nulles, parce qu'en France il s'est établi un nouveau gouvernement.

Voici les moyens de nullité que propose M. *Dard*; Les assemblées nationales ont, *sans le consentement, et on peut dire contre le vœu de la nation, usurpé l'autorité suprême.*

Comment peut-on avancer un fait si contraire à la vérité? Des milliers de témoignages, de discours, d'actions, d'adhésions de toutes les parties de la France, très-librement exprimées, des dons, des sacrifices de toute espèce, des torrens de sang versé, des victoires remportées par plus d'un million de défenseurs, n'attestent-ils pas assez le vœu général de la nation française? Je l'ai dit, et je le répète encore, si le vœu de cette nation eût été contraire au parti de ceux qui la gouvernaient, elle n'aurait rien fait pour eux. La nation aurait, dans ce cas, embrassé et défendu la cause des émigrés; et ceux-ci n'auraient pas succombé dans la longue lutte qu'ils ont eu à soutenir contre la république française.

Au surplus, il n'y a pas eu d'*usurpation*, et une nation qui reprend ses droits n'usurpe point.

Ainsi, les prétendus moyens qu'allègue M. *Dard* ne portent que sur un faux exposé, n'ont aucune valeur, et, il faut le dire, je ne trouve de nullité que dans sa manière de raisonner.

« Aucune de ces assemblées, ajoute-t-il, » même la Convention nationale dont les membres furent revêtus des plus grands pouvoirs, » *eût-elle* la mission de détruire la monarchie? »

Cette phrase, quoique incorrecte, prouve assez que M. Dard ignore complètement la valeur et la signification des mots *Convention nationale ;* il ignore que l'essence d'une convention nationale est de réunir tous les pouvoirs; qu'elle n'est pas un corps constitué, mais un corps constituant; qu'elle est une assemblée extraordinaire, convoquée pour tout réorganiser, non pour se soumettre à des règles déjà établies, mais pour en créer de nouvelles; que ses membres n'ont point de mission spéciale qui leur prescrit de faire ou de ne pas faire tels ou tels actes, mais qu'ils ont la mission de tout faire; pouvant tout faire, ils pouvaient abolir la monarchie.

« A quelles conséquences ne conduirait pas » ce principe, continue M. Dard, que tout ce » qu'une assemblée décrète, *hors même des* » *limites du mandat* que ses membres ont reçu » de leurs commettans, lie irrévocablement le » peuple! »

Voilà un raisonnement faux, parce qu'il est appuyé sur un faux exposé. Il est faux que les membres de la Convention nationale aient reçu, comme je viens de le dire, un mandat spécial; ils ont reçu le mandat général de tout faire; ce mandat n'avait aucune limite. Or, il n'est pas vrai de dire que cette assemblée a décrété *hors des limites* de ce mandat.

Voici encore un autre moyen de nullité que propose M. Dard; il n'est pas plus fondé que les précédens.

« La nation n'était pas *légalement repré-*
» *sentée* par la Convention nationale, puis-
» qu'on n'y comptait *aucun, ou très-peu* de
» l'ordre de la noblesse et *aucun de l'ordre du*
» *clergé*, qui, cependant, faisaient partie de la
» nation et une partie notable, tant en raison
» de *leur fortune* que de leur rang dans la
» société. »

Dans l'ouvrage de M. Dard, on remarque un défaut dominant; il y raisonne constamment d'un état présent d'après un état passé, de ce qui est d'après ce qui n'est plus; il applique toujours à un gouvernement populaire les règles du royalisme. Quand on veut utilement discuter sur les actes d'une monarchie, on doit invoquer les règles et les lois de la monarchie, et non pas celles des républicains; de même, lorsqu'on discute sur les actes d'une république, il faut recourir aux règles et aux lois républicaines, et non pas aux lois monarchiques, comme le fait M. Dard. Il aurait pu, avec autant de raison, soutenir que les décrets de la Convention nationale n'ont pu avoir force de loi, parce qu'ils n'ont pas été homologués et enregistrés au parlement de Paris.

La nation n'était pas légalement représentée par la Convention nationale. La nation a été représentée comme elle a voulu, et, dans le choix de ses représentans, elle a usé de son pouvoir souverain. Pour que ses choix soient légitimes, il suffit que ce principe, généralement reconnu, *la majorité fait la loi*, n'ait point été violé. Il ne l'a pas été, puisque c'est la majorité de la nation qui a choisi ses représentans. Cette majorité n'est pas douteuse, comme je l'ai prouvé, et M. Dard lui-même en fait l'aveu, en disant que les membres de la Convention nationale étaient les *représentans de la partie la plus nombreuse de la nation.*

Imperturbablement attaché aux règles et aux principes de l'ancienne monarchie qu'il veut toujours appliquer à la république, M. Dard aurait voulu qu'à la Convention nationale, les trois ordres, le clergé, la noblesse et le tiers état fussent représentés, et les deux premiers devaient l'être surtout, dit-il, à cause de leur fortune et de leur rang.

Il semble que M. Dard, comme un nouvel Epiménide, ait dormi pendant les vingt-cinq années de la révolution, et qu'il s'éveille, étonné, ignorant de tous les changemens qu'elle a produits.

La nation française ne voulait pas, ne devait pas, et même ne pouvait pas donner des représentans à ces deux ordres.

Elle ne le voulait pas, parce que ces deux ordres étaient opposés à ses nouveaux principes et nuisaient à ses projets de prospérité.

Elle ne le devait pas, parce qu'il était impolitique et dangereux pour elle, de reconnaître deux ordres dont l'orgueil et les priviléges l'avaient, depuis plusieurs siècles, humiliée et opprimée, et dont la plupart des membres était ses ennemis.

Elle ne le pouvait pas, parce que ces ordres étaient abolis, depuis quelques années, par des lois solennelles; elle ne le pouvait pas, parce que la plus grande partie des membres du haut clergé, et presque toute la noblesse, avaient abandonné la France pour aller se ranger parmi ses ennemis.

La fortune de ces deux anciens ordres ne

devait pas leur donner un droit à la représentation dans la Convention nationale, comme le dit M. Dard, puisque cette fortune n'existait plus alors. L'assemblée constituante avait rendu à la nation les biens du clergé, et l'assemblée législative avait séquestré tous ceux des nobles émigrés.

M. Dard semble dire à la majorité de la nation française : Pour avoir fait votre devoir, et n'avoir pas fait l'impossible, vous n'avez pas été légalement représentée, et tous les actes de votre représentation sont nuls. Tel est l'analyse du raisonnement de cet avocat.

Au surplus, comme à son ordinaire, il est ici très-inexact. Dans la Convention nationale, dit-il, « on ne comptait *aucun ou très-peu* » de députés de la noblesse, et *aucun de l'ordre* » *du clergé.* » On comptait, dans la Convention, beaucoup plus de nobles que semble l'indiquer M. *Dard*, par ces expressions vagues *aucun ou très-peu.* Je ne saurais en déterminer le nombre ; mais j'ai l'assurance qu'il se montait à plus de vingt, parmi lesquels étaient des membres, qualifiés auparavant de *prince*, *comtes*, *marquis*, *etc.* Quant aux membres du clergé, députés à la Convention, je puis prouver qu'il y existait au moins douze évêques, et plusieurs autres ecclésiastiques d'un rang inférieur.

De faux énoncés, des faits inexacts ne peuvent, dans la discussion, produire que de fausses conséquences.

Telle est la base de tout l'ouvrage de M. Dard, de tous ses raisonnemens, et de ses projets de loi, etc. C'est sur un fondement aussi fragile, et qui ne peut, sans se briser, soutenir les premiers regards de la critique, qu'il a construit son système de preuves; mais il n'a rien prouvé, si ce n'est son défaut d'exactitude dans les faits énoncés, et son défaut de jugement. J'ai ruiné ses principes; il est inutile de le suivre dans ses conséquences.

Lettre à Sa Majesté Louis XVIII, sur la vente des biens nationaux. Tel est le titre de l'ouvrage de M. *Falconnet*, ancien avocat. Ce titre est imposant, commande le respect, et semble défendre à la critique d'approcher de l'ouvrage. Mais, quand on a lu ce qu'il contient, on juge que ce titre figure comme une façade majestueuse, élevée au-devant de la loge des plus vils animaux domestiques. Quand on écrit avec autant d'inexactitude, de passion et de fiel; quand, au lieu de discuter, on épuise le catalogue des injures anciennes et modernes;

quand, au lieu d'éclairer avec le flambeau de la raison, on ne se présente qu'avec des torches incendiaires, on est au-dessous de la critique; on n'est pas digne d'être réfuté. J'ai répondu à l'ouvrage de M. *Dard*, je ne répondrai point à celui de M. *Falconnet.* Seulement, je me bornerai à justifier, par quelques citations, le mépris que m'a inspiré l'ouvrage de ce dernier.

Il débute par ces phrases :

« Sire, une question de la plus haute importance s'agite *devant vous*. Les ventes des domaines qu'on appelle *nationaux*, seront-elles consolidées ?

» Je dis cette question s'agite, j'ai tort. Je vois que, d'un côté, on se déclare, sans balancer, pour l'affirmative, et que, de l'autre, on l'élude, on craint de l'aborder. »

Le Roi, qui, dans sa charte constitutionnelle, article 9, a déclaré les biens nationaux *inviolables*, et qui les a assimilés aux autres propriétés, est, suivant M. Falconnet, prêt à désavouer ce qu'il a prescrit, à manquer à une promesse faite dans l'acte le plus solennel de son règne, à tromper les espérances d'une grande partie des Français.

Ce n'est plus une question agitée, elle est presque résolue, suivant M. Falconnet.

Un simple particulier serait vivement offensé si l'on publiait qu'il va manquer à sa parole. Combien doit l'être le chef suprême de l'Etat ! Quelle idée fausse et défavorable M. Falconnet en donne à la nation française ! Quelle méfiance il inspire !

Ces phrases ont jeté l'alarme dans l'esprit des nombreux propriétaires de biens nationaux, et il pourrait en résulter de grands maux si la confiance que ces propriétaires mettent en la parole du Roi cessait d'être plus forte que la crainte que leur a inspiré l'écrit de M. Falconnet.

Cet avocat a prévu que la restitution des biens nationaux pourrait causer la guerre civile. Il n'en redoute point les trop funestes effets. Il s'apprête bravement à la soutenir. « Eh bien ! » dit-il, en parlant des émigrés, ceux-ci seront » autour de Sa Majesté ; ils lui feront un rem- » part de leur corps, et elle peut compter » sur eux. »

Voici dans quel style il parle des membres de l'assemblée constituante : « Ce *ramas* » d'hommes *réunis* pour la tenue des Etats-gé- » néraux.... ». Ils ne furent que des *rebelles*, des *parjures*, des *brigands*. Les deux membres qui se distinguèrent dans la discussion sur la propriété des biens du clergé, étaient, suivant M. Falconnet, M. *Touret*, « avocat normand, » inconnu dans la capitale (1). L'autre, *Treil-* » *lard*, avocat de la cinquième ou sixième » classe au barreau de Paris (2). Ces deux *cham-* » *pions* s'excrimèrent à leur aise contre *les* » *axiomes*, *etc.* » Ils disent des *mensonges*, des *absurdités*; ce sont des *publicistes imposteurs*; une troupe de *rebelles*, de *parjures* et de *sacriléges*, des *parjuro-rebelles*, des *traficans impies*, *sans probité* et *sans religion*. M. Falconnet pense aussi qu'ils pourraient bien être *excommuniés*. Ceux de l'*assemblée législative* sont des *artisans de loi*; pendant leur session, les crimes, les *vols*, les *assassinats* sont mis à l'ordre du jour (oui, par le conseil de la commune de Paris, instrument de *la faction de l'étranger*).

La *Convention nationale* est un *monstre* qui s'entoure de morts et de débris. Une *horrible bacchanale*, « elle termina ses sanglantes or- » gies le 26 octobre 1795, après avoir couvert

(1) Il n'était pas connu de M. Falconnet.

(2) Lecteur curieux, informez-vous de quelle classe est M. Falconnet dans le barreau de Paris, et de quelle considération il y jouit.

» la France d'*assassins* et de *voleurs*, après » avoir inondé ce malheureux pays de sang et » de crime, et consommé une *infâme banque-* » *route* (1). » Ses membres sont des *belîtres*, » sans aveux, sans avoir, des *cannibales*, des » *bandits* qui veulent des fortunes à dilapi- » der (2). »

Toutes les assemblées qui ont fait des lois contre les émigrés sont « des *compagnies de bri-* » *gands*, *qui ont consigné par écrit les moyens* » *d'organiser le vol et d'en perfectionner la pra-* » *tique*.... Leurs décrets sont émanés d'un pou- » voir *illégitime*, *détestable* et *détesté*. C'est » une *collection de spoliateurs sans front*, ce » sont des *voleurs nationaux*; c'est un assem- » blage de *factieux*, *d'impudens scélérats*. »

L'empereur Buonaparte est aussi qualifié de *vil usurpateur*, de *corse usurpateur*. Les pro-

---

(1) Ici, le bon homme Falconnet est si fort en colère, qu'il en perd la raison et la mémoire.

(2) Ils n'ont *dilapidé* que la fortune de leurs ennemis, pour avoir les moyens de s'en défendre. On a fait beaucoup de reproches aux députés de la Convention nationale, mais on ne les a jamais accusés de s'être enrichis aux dépens de la fortune publique, et des fortunes particulières. J'en connais plusieurs qui sont sortis plus pauvres qu'ils n'y étaient entrés.

priétaires de biens nationaux sont *excommuniés* et *maudits* par l'église, etc., etc. Je crois qu'en voilà assez pour faire juger du mérite de cette brochure, des talens et de la gravité de l'auteur, et surtout des soins qu'il s'est donnés pour se montrer impartial et observateur des bienséances. Je crois aussi avoir assez bien établi les motifs de mon silence sur ses opinions; il me suffit, et M. Falconnet doit m'en savoir gré, d'avoir réuni, sous un point seul de vue, les traits les plus saillans de son ouvrage.

La lecture de ces deux brochures amène naturellement à des réflexions peu favorables à l'espèce humaine: lorsque l'esprit de parti et de vengeance s'est enraciné dans la tête de certains hommes, il y étouffe les lumières de la raison, puisqu'on en voit qui, après vinq-cinq années d'expériences et de leçons énergiques, n'en ont tiré aucun profit, n'ont rien appris et n'ont rien oublié.

FIN.

De l'Imprimerie de CHARLES, rue Dauphine, n°. 36.

www.ingramcontent.com/pod-product-compliance
Ingram Content Group UK Ltd.
Pitfield, Milton Keynes, MK11 3LW, UK
UKHW020356220726
13923UKWH00004B/1639